Warum Reden? Als Ergänzung zu ihren Dichterlesungen bietet die Stiftung Lyrik Kabinett seit 2005 ein Forum für die historischen, ästhetischen, theoretischen und poetologischen Positionsbestimmungen der Poeten, will Kompaß sein für ihr Navigieren auf stolzen Schiffen im unabsehbaren Ozean der Literatur (auf dem auch die Bergungsboote von Kritik und Wissenschaft umhertreiben). Tatsächlich Reden: und nicht etwa Vorreden, Traktate oder Essays – »dramatische Akte« also zwischen dem Redner und seinem Publikum, durchaus in der Tradition von Goethes Frankfurter ›Rede zum Schakespears Tag‹ von 1771, die alle Regelpoetik wegfegte, in derjenigen von Schillers 1784 in Mannheim gehaltener Rede ›Was kann eine gute stehende Schaubühne eigentlich wirken?‹, und auch in der Tradition Rudolf Borchardts seit seiner Göttinger ›Rede über Hofmannsthal‹ von 1902. Mit Gottfried Benns Marburger Rede ›Probleme der Lyrik‹ von 1951 und Elias Canettis Münchner Rede ›Der Beruf des Dichters‹ von 1976, mit der Büchner-Preis-Rede Paul Celans und den Frankfurter Vorlesungsreihen Ingeborg Bachmanns und Ernst Jandls hat sich eine Form etabliert, die es lebendig zu halten gilt. Denn nur in der öffentlichen Rede läßt der Autor seine Zuhörer am Prozeß seiner Poesie unmittelbar teilhaben – und an sich selbst, innerhalb und außerhalb der ihn umgebenden, ihn lähmenden oder inspirierenden Gemeinschaft.

Warum (nur) zur Poesie? Und nicht zur Literatur in ihrer Gesamtheit? Weil für die Lyrik als einem Randphänomen des Randphänomens Literatur die Notwendigkeit der Selbstvergewisserung in einem besonderen Maße besteht. Als »Muttersprache des Menschengeschlechts« (Johann Georg Hamann) ist sie die Kerngattung aller Literatur, »die höchste Form menschlicher Rede in jeder Kultur« – »die einzig verfügbare Versicherung gegen die Vulgarität des Herzens« (Joseph Brodsky). Als solcher kommt ihr eine grundlegende und übergreifende Bedeutung zu.

Warum in München? Diese Stadt steht synonym für den Aufbruch der Moderne um 1900, mit so extremen Polen wie Stefan George und dem Kabarett der ›Elf Scharfrichter‹, der Vollendung des hohen Tons also und der Meisterschaft der leichtgeschürzten Muse, der Verachtung alles Etablierten und der Aufmüpfigkeit gegenüber allem Hergebrachten. Könnte es einen Ort geben, der dafür geeigneter ist als das Münchner Lyrik Kabinett? Hier hat man sich der Poesie aller Zeiten und Regionen verschrieben und öffnet ihr seit fünfundzwanzig Jahren die Räume – geradezu symbolisch in der topographischen Lage zwischen Universität und den Schwabinger Künstlerkneipen, inmitten also von Gelehrsamkeit und Kreativität. Dieses im Grunde undenkbare »Haus für Gedichte«, wie Martin Mosebach es bei der Eröffnung des neuen Gebäudes im März 2005 genannt hat, ist ein utopischer Nichtort – als Ort für die Poesie genau das Richtige.

Münchner Reden zur Poesie

Herausgegeben von Holger Pils

und Frieder von Ammon

Mit freundlicher Unterstützung

der BMW Group

Nora Gomringer
**Gedichte aus / auf Netzhaut
– vom Verhandeln des Poetischen
im Öffentlichen**

Stiftung Lyrik Kabinett
München

Diese Rede wurde am 18. Februar 2019
im Lyrik Kabinett München gehalten.

© 2019 Stiftung Lyrik Kabinett
Lektorat Frieder von Ammon
Typografie Friedrich Pfäfflin
Gesetzt in der Korpus Gill Sans
und gedruckt von Gulde-Druck in Tübingen
ISBN 978-3-938776-52-0

Sehr geehrte Damen und Herren,

Netzgedanken.

Denk ich an Daten in der Nacht, dann bin ich um den Schlaf gebracht... frei nach Heinrich Heine.

Nephila Komaci ist vier Zentimeter lang und hat zwölf Zentimeter lange Beine, sie wohnt in einem südlichen Gebiet Afrikas – wohl den Wissenschaftlern, die einen über den genauen Ort in Unkenntnis lassen und damit Urlaubsträume wach halten! – und sie baut ein Netz, das über einen Meter Ausdehnung haben kann. Nephila Komaci ist eine Radnetzspinne. Sie wurde 2009 entdeckt.
 Armillaria ostoyae ist an sich neun Quadratkilometer groß (das sind mehr als neun Fußballfelder), wächst seit 2400 Jahren verborgen in der Erde des Malheur National Forest in Oregon in den USA und taucht nur vereinzelt auf und wird sichtbar; dann als gelber Hallimasch- oder auch Ständer-Pilz an Baumstümpfen. Im Jahr 2000 wurde er entdeckt.
 Nora Gomringer ist 1,75 Meter groß und lebt in Bamberg. Ihre Tätigkeit als Autorin hat sie ein breites Netz von Lesern, Interessierten, Followern und Produzenten aufbauen lassen. Sie hat 5000 Facebook-Freunde, derzeit 2896 Follower auf Instagram, versteht, dass ihre Website im Netz besonders mittwochabends und samstags frequentiert wird, und dies vor allem von Frauen zwischen 25 und 45, obwohl die Käufer ihrer Bücher eher 55 plus sind, aber auch meist weiblich. Die meisten veröffentlichten Kritikerstimmen zu ihren Büchern jedoch sind männlich. Wie der Riesenpilz wurde Nora Gomringer im Jahr 2000 entdeckt.
 Dreimal Netz. Dreimal Produzenten. Was noch fehlt sind Einkaufsnetz, U-Bahnnetz, Netzstrumpf – und beim Netz neben aller Struktur und allen Möglichkeiten: die Maschen, die Löcher, das Nichts zwischen dem Etwas.
 Mit dem vielbeschworenen Netz hat es so seine Tücke, ist es doch eigentlich kaum sichtbar und damit dem unterirdischen Myzel des Pilzes ähnlich, das sich nur hier und da sichtbar mani-

festiert. Sichtbarkeit in Sachen Virtualität hat mit Endprodukten zu tun. Mit Content Providern, Geräten, Smartphones, Rechnern, Festplatten, Speichern, Servern, Rechenzentren, großen Gebäuden, in die dicke Kabel geleitet werden und in deren Kellern es brummt und blinkt und ständige gute Belüftung herrschen muss. Das erste Mal, dass der Begriff Netz nach dem Haarnetz in breiter Masse verwendet wurde, war, nachdem Sandra Bullock im zahmen Cyberkrimi ›The Net‹ um Leib und Leben fürchten musste. Gut 20 Jahre später sehen wir die Verfilmung des Endzeit-Techdramas ›The Circle‹, in dem das ›Mitmachen‹ im Netz im Wesentlichen mit Sektenstrukturen parallelisiert wird. Über verschiedene Serien, Filme, die mit mehr oder weniger plakativen Mitteln und Inhalten von Vernetzung, Möglichkeiten, Risiken und Erweiterungen erzählen, vermeint die Mehrheit der User – was für ein Wort! Ich bin ein Gebraucher, Verbraucher, eine, die etwas braucht?! –, den Blick hinter die Quellcodes zu erhalten. De facto aber sind wir wohl nicht weiter als die kleinen Mädchen und Jungs, die sich wie magisch angezogen um Baustellen einfinden und dort mit offenen Mündern den Baggern bei – ja, bei was im Einzelnen eigentlich? – zusehen. Ich glaube, das erste Gut, das virtuell wurde und in ein weltweites Netz eingespeist wurde, doch in seiner Eisberg-Masse unsichtbar blieb bis heute, ist Geld. Das Online-Banking ist nur die folgerichtige Entscheidung, die virtuellen Geldmengen in entsprechenden, nämlich physisch unsichtbaren Bergwerken immenser Ausmaße liegen, verwalten und wachsen zu lassen.

Was unsichtbar ist, kann durch die Welt gereicht werden, ohne Hände zu beschmutzen. Dieses ›pecunia non olet‹. Hat es nie. Geld ist Spur und hilft bei der Spurensuche. In allen Kriminalfilmen ist klar, dass gefasst wird, wer mit Kreditkarte zahlt. Nur Bares ist Wahres, wenn man unsichtbar bleiben möchte auf der Erdoberfläche. Wer heute aber etwas auf sich hält, der epresst in Bitcoin. Unsichtbare Währungen für unsichtbare Transaktionen. Ist doch interessant. Seit Luhmanns Theorien um die Vereinzelung der Strukturen, der Systeme, ist die Notwendigkeit der Verknüpfungen dieser Einzelvorkommnisse besonders deutlich geworden. Gedanklich muss es immer wieder gelingen, die Daten, darin die Fakten, Fiktionen, die Gegenstände des Geistes zu verbinden in Strukturen, die sowohl Festigkeit schenken, als auch Expansion zulassen. Die Löcher im Netz werden zunehmend interessanter, auch wandelt sich die Sprache um sie herum. Die Fliegen, die der Spinne entgehen, sich nicht im Klebfaden verheddern, werden schlauer, geschickter, sind in ihrer Konsequenzlosigkeit zunehmend wichtiger, weil sie die Maschen zeigen, die die Struktur ebenso vervollständigen wie das Gewebe, wie die Stille den Lärm, die Farben das Spektrum zwischen den Nichtfarben auffüllen. Mein eigenes Schreiben ist mittlerweile eine Netz-Angelegenheit. Wie andere Autorinnen und Autoren meiner Generation habe ich das Netz und einzelne Social Media-Plattformen als Orte der Publikation, Selbstmitteilung, Beobachtung und des Abgleichs, des Sendens und Empfangens vollkommen akzeptiert. Wenn ich einen Monat lang kein Gedicht schreibe, aber über 60 Posts platziere, die alle mindestens 60 Likes und zehn Kommentare erhalten, habe ich – so vermeine ich es – einen Beitrag zur Kultur der Lettern geleistet. Ob es Literatur ist, müssen andere beurteilen. Paratext ist es allemal. Ich fungiere als Vernetzer, Facebook nennt mich einen Influencer. Ich mag das Wort ›fungieren‹: Für den Laien steckt ›fungus‹, der Pilz, darin. Und damit ist das Myzel auch in diese Idee hineingesetzt. Die Spinne webt ihr Netz, der Pilz lässt es wachsen, die Gomringer pflegt es.

Von der Poesie zu reden, offiziell und feierlich, wird von diesem Haus, welches sich der Lyrik zur Gänze verschrieben hat, einer dichtenden Person als Ehre zugesprochen; und das Ergebnis wird Ihnen, den Zuhörerinnen und Zuhörern ans Herz und bei Erwerb in die Tasche gelegt. Die Poesie ist Käuferinnen und Käufern eine tragbare Sache, sie vereint und doch trennt sie auch. Sie ist festes Bindeglied und blinkender Zeitstrahl durch die Jahrhunderte und sie scheint ein Unsterblichkeitselixier, denn seit mehreren Dekaden wird sie totgesagt und lebt doch weiter und mit ihr ihre Produzentinnen und Produzenten, die Dichterinnen und Dichter. Hin und wieder ist sie – ihrem Ursprung nach – mündlicher orientiert, dann auch wieder ganz Schrift, ganz Hermetik, Ziselierung, Distanz. Sie lebt, ist Geist der Zeit und formt den Zeitgeist. Die Poesie hält dies alles auch als Spannungszustand aus, ihre Leserinnen und Leser, Hörerinnen und Hörer nicht immer. Ich saß just hier in diesem Haus, als Ilma Rakusa ihre Rede zur Poesie hielt und bei ihren wunderbaren Betrachtungen zu Listen und Aufzählungen in der Lyrik einen meiner Holocaust-Texte verwendete und mich völlig unvorbereitet damit ins Herz traf.

Wer sich für Lyrik interessiert, hat sich in der Regel etwa bis zum 30. Lebensjahr auf eine Art von Umgang mit lyrisch geformter Sprache eingelassen, hat ihre Vermittlung in der Schule geschätzt oder lediglich ertragen und abgehakt, ist dann noch mal dem einen oder anderen Text begegnet, der es vermochte, anzusprechen, zu erheben, gar Trost oder Rührung zu spenden.

Die Lyrik gilt als Vademecum für die Herzgebrochenen, der Lyriker ist eher männlich als weiblich, hat eher lockiges Haar als glattes, er träumt eher, als dass er sich um's Bausparen kümmert – so die Klischees meines Berufsstandes, denen noch weitere zuzusprechen sind, die für schöne Gespräche sorgen, wenn ich meine anfängliche Empörung überwinden konnte und befinde, dass mir der Gesprächspartner, die Gesprächspartnerin, der missionarischen Mühe wert ist. Der Mühe, meine Lage, mein Lieben darzustellen. Überhaupt die Lage der Poesie aus meinem Blinkwinkel.

Seit ich 20 Jahre alt war, bin ich veröffentlicht. Das bedeutet in meinem Fall, dass mein Werk, seitdem ich 2006 von Grupello in Düsseldorf zu Voland & Quist in Leipzig und Dresden gewechselt bin, von zwei Männern verlegt wird, die ihr Handwerk aus geteilter Leidenschaft fürs Büchermachen heraus gelernt haben. Leif Greinus und Sebastian Wolter leiten zusammen mit der im letzten Jahr hinzugekommenen Karina Fenner den Verlag, der sich seit der Mitte der 2000er Jahre stetig aufgebaut und um Autorinnen und Autoren, Sortiment und Texte, Mitarbeiterinnen und Mitarbeiter erweitert hat. Ich bin in einem ungewöhnlichen, guten Haus gelandet, Bücher und CDs werden in Absprache mit der Verlagsleitung so gestaltet, wie ich es mir wünsche. Ich lege Wert auf die Beteiligung bei diesem Prozess, es ist mir wichtig, Grafikerinnen und Grafiker nennen zu dürfen, mit denen ich arbeiten möchte, weil ich ihre Arbeit schätze und über die Jahre verfolge. Für mich ist ein Lyrikband in der Konzeption einem Album in der Musik ähnlich. Es muss im Band klingen und aus ihm heraus. Gute Grafik, angenehmer Schriftsatz, ansprechende Gestaltung befördern ein gutes Verhältnis des Lesers, der Leserin zum Text. Wer da unkt, der Text müsse bar und bloß wie das Christkind zur Weihnacht VOR Ankunft der Heiligen Drei Könige vor einem sezierenden Auge zu liegen kommen, hat die Kraft der Lyrik unterschätzt, die ich bewerten möchte wie einen starken Theatertext, den selbst die ärgste Inszenierung nicht verfälschen kann, nicht trüben, nicht ruinieren.

Seit ein paar Jahren beschäftige ich mich zunehmend mit dem Aussehen von Texten und ihrer Verwendung in den neuen Medien, sprich bei Facebook, Instagram und bei Twitter. Diese großen sozialen Plattformen fungieren als Megaphone für Texte und mitunter auch als Brenngläser für die Selbstinszenierung ihrer Verfasserinnen und Verfasser.

Kitsch und schlechte Gedichte, die schlampig formuliert und deren Autorinnen oder Autoren keine Sensibilität geschweige denn Kenntnisse von Traditionen und festen Topoi oder Stilistik in der Literaturgeschichte besitzen, finden große Bühnen in diesen Netzwerken. Dichterkarrieren begründen sich allein durch die tägliche Präsenz, das Posten eines Textes. Dabei ist es fast egal, ob der Text selbstverfasst ist oder ein Text aus fremder Feder. Allein die Bezugnahme auf eine bestimmte Textart und die darin ausgedrückte Sensibilität erlauben es dem Nutzer, sich den Anschein eines poesieaffinen Menschen zu geben. Es geht darum, sich als Dichter zu inszenieren. Das Bild des Dichters ist dabei ein vollkommen überholtes. Meist geht es darum, einen Menschen in selbstgewählter Parallelexistenz zum Arbeitsleben des Gesellschafts-Gros zu erschaffen. Ein Wesen, das tatsächlich – wie Walther – unter einem Baum, auf einem Stein sitzend, die Beine überschlagend zu finden wäre. Ein Troubadix, in eigene Gedanken verstrickt, die Klampfe im Anschlag, den Federkiel gespitzt, die Finger immer ein bisschen voller Tinte. Dass eine Frau so anzutreffen wäre, wird selten mit ins Klischeebild hineingedacht, etwa dass die neuseeländische Dichterin Janet Frame tatsächlich immer wieder genauso, nur ohne Federn, aber mit alter, klappernder Schreibmaschine unter griechischen Olivenbäumen saß, als sie Gedichte schrieb, die sie wie Loren aus dem Bergwerk ihrer von Angstzuständen gequälten Seele, belastet mit ihrer Menschenscheu und sozialen Unbeholfenheit, auf sehr bedachten Schienen empor fahren ließ. Zu Tage gebracht wurden starke Texte, die berühren mit Themen, die zur gleichen Zeit von Anne Sexton und Sylvia Plath in konfessioneller Art verhandelt wurden: Beziehungsleben, Liebe, Sexualität, Vergangenheitsbewältigung, Gegenwartsverdruss. Die Gedichte Janet Frames sind dagegen mehrfach gefiltert und lassen sich zwar gegen den biographischen Hintergrund der Dichterin lesen, sind aber Kunstwerke, die für sich stehen.

The Suicides

It is hard for us to enter
the kind of despair they must have known
and because it is hard we must get in by breaking
the lock if necessary for we have not the key,
though for them there was no lock and the surrounding walls
were supple, receiving as waves, and they drowned
though not lovingly; it is we only
who must enter in this way.
Temptations will beset us, once we are in.

We may want to catalogue what they have stolen.
We may feel suspicion; we may even criticize the décor
of their suicidal despair, may perhaps feel
it was incongruously comfortable.

Knowing the temptations then
let us go in
deep to their despair and their skin and know
they died because words they had spoken
returned always homeless to them.¹

Das Englische war die erste Fremdsprache, mit der ich in Kontakt kam, als mein Vater 1986 für ein Semester Gastprofessor an der University of Southern California war. Ich war sechs Jahre alt, erlebte ein richtiges amerikanisches Halloween-Fest mit Babysitter, der Lizenz zum Horrorfilme-Sehen und Süßigkeiten-Essen. Innerhalb von drei Monaten sprach ich gut und akzentfrei Englisch, konnte schwimmen, diente der Familie als Frühwarnsystem für Erdbeben, denn während unseres Aufenthaltes waren es drei schwerere. Meine Beziehung zu Los Angeles frischte ich als Abiturientin auf, als ich 2000 für einen Praktikumsaufenthalt zur Academy of Motion Picture Arts and Sciences aufbrach und dort die Oscar-Show für 2001 vorbereitete. Ich nahm Kontakt zu alten Bekannten auf und schlenderte durch die immerwährenden Sonnentage oder saß in dunklen Kinos und sah mir Filme an. Damals war mein erstes Buch erschienen und ich arbeitete an einem neuen Band, konnte der Welt noch nicht antworten auf die Frage, ob ich denn nun Autorin sei? Gedichte waren für mich blattgebundene Textarten, die höchstens durch die Stimme ein anderes Medium für ihre Verbreitung fanden. Bedenken Sie, erst vier Jahre zuvor hatte ich – zur selben Zeit wie sicher einige von Ihnen! – meine erste Email geschrieben. Da war ich 16 Jahre alt und absolvierte meinen amerikanischen High School-Abschluss in Pennsylvania, wollte Kunsthistorikerin, Medizinerin und immer noch Musicaldarstellerin werden. Die Landschaft des amerikanischen Ostens prägte sich damals tief in mich ein. Nicht umsonst werden die Wälder des William Penn für die nächste Entsprechung Deutschlands auf nordamerikanischem Grund gehalten. Die Amish people haben dort eine Form der deutschen Sprache konserviert, fahren mit Kutschen über die Landstraßen. Dort schrieb ich Gedichte, um mein Heimweh und Alleinsein besser zu verstehen. Ich las Remarques ›Im Westen nichts Neues‹, Platons ›Symposion‹ und hörte mich durch die Songtexte der frühen Shakira, als alles, was sie sang noch in kolumbianischem Spanisch war, und ich hoffte, mit Textsicherheit meinen Spanischlehrer für mich einnehmen zu können. In der Schule lasen wir während des Jahres 14 Lektüren gründlichst, darunter Hawthornes ›The Scarlet Letter‹ und mein Lieblingsgedicht des Transzendentalismus: William Cullen Bryants Text ›Thanatopsis‹.

Für das eigene Schreiben tauschte ich früh das handschriftliche Notat gegen die Tastatur ein und finde bis heute, dass das Tippen der Geschwindigkeit des Denkens, aber vor allem der des Sprechens angemessen ist. Wenn ich schreibe, muss ich das Getippte vor mich hinlesen. Scherzhaft nenne ich meinen Schreibtisch einen Schrei-Tisch, versichere aber, eine angenehme Mitbewohnerin und Nachbarin zu sein.

Die ersten Blogs tauchten in den frühen 2000er Jahren auf und die erste Sekundärliteratur über das Phänomen folgte. Lesen on-screen stand manchem Feuilleton in direkter Konkurrenz zum Lesen eines Textes im Buch. Eine ganze Zeit lang wurden so Äpfel mit Birnen verglichen, denn es gab auch Texte, die ausschließlich als Texte für den Cyberspace gedacht und konstruiert waren. Mittlerweile werden die meisten dieser frühen Experimente als gescheitert bezeichnet. Doch die Literatur im Netz lebt fort.

Vom erwähnten Sinnspruch-Kitsch über Texte, die wieder nur für die kleinen und Kleinstformate ersonnen werden, die die sozialen Medien bieten. Twitter bietet seit November 2017 280 Unicode-Zeichen pro Eintrag. Hier funktionieren Sinnsprüche und so manches aus der Konkreten Poesie abgetippte Gedicht oder auch Haikus. Während eines längeren Japanstipendiums hatte ich einer Zeitung eine Haiku-Reihe zu landestypischen Süßigkeiten angeboten. Wichtig war mir die Kombination aus Bild und Text und dafür der möglichst einfache, selbstkuratierbare Rahmen: content-Erstellung im Netz für das Netz.

Reis bleibt Reis mit Schwein
umschlossen das Sesamkorn
blinzelt im Schlund

Shizo-Drink

Oh! Basilikum,
schmeckst wie Zauberspruch in pink
auf Eis gegen Yen.

Rose Milk Tea ist das.
Sanft wogt Milch um Earl Grey's Gunst
Im Mund sind Wolken.

Wie bei längeren Auslandsaufenthalten in Russland und China etwa, fiel es mir schwer, mich sprachlich auf das Erlernen der Sprache vor Ort einzustellen, weil ja meine Aufgabe dort die Arbeit an einem Lyrikband war, der dann 2017 auch erschien: ›Moden‹. Der Band schließt meine Trilogie ›Monster Poems‹,

›Morbus‹ und eben ›Moden‹ ab. Ich verhandle darin Krankheiten, Ängste, popkulturelle Phänomene, Traditionen und Bräuche und thematisiere den Missbrauch von Privilegien, das Festlegen solcher überholten, neu hervorgezerrten Privilegien der Rasse und des Geschlechts.

Zwischen 2010 und 2017 sind alle Texte der Trilogie entstanden, die Bände wurden allesamt vom Grafiker Reimar Limmer gestaltet. Die Bücher sind übergroß, sehr bunt und, aufgrund meiner namentlichen Begünstigung, zwischen Goethe und Heine

Platz im Regal zu finden, sind die Bände dort immer gut aufgehoben, schließlich ist Heinrich Heine mein Lieblingsdichter. Heinrich Heine existiert im Netz als Zitatenschatz wie die meisten toten Dichter. Hin und wieder erscheint ein Video auf Youtube, das einen Sänger oder Sprecher bei der Rezitation seiner Texte zeigt. Selten wird Heine von Frauen adaptiert. Dabei schrieb er ihnen, wenn auch manchmal Frauen gegenüber skeptisch im Urteil, sehr schöne, kritische lyrische Rollen zu:

Ein Weib

Sie hatten sich beide so herzlich lieb,
Spitzbübin war sie, er war ein Dieb.
Wenn er Schelmenstreiche machte,
Sie warf sich aufs Bett und lachte.

Der Tag verging in Freud und Lust,
Des Nachts lag sie an seiner Brust.
Als man ins Gefängnis ihn brachte,
Sie stand am Fenster und lachte.

Er ließ ihr sagen: O komm zu mir,
Ich sehne mich so sehr nach dir,
Ich rufe nach dir, ich schmachte –
Sie schüttelt' das Haupt und lachte.

Um sechse des Morgens ward er gehenkt,
Um sieben ward er ins Grab gesenkt;
Sie aber schon um achte
Trank roten Wein und lachte.

Heinrich Heine, 1844

Dieses Gedicht kann einem fast als Drehbuch für einen Kurzfilm dienen. Die Beziehungen beider Personen sind klar, bewusst oberflächlich durch ihre Handlungen charakterisiert. Er ist der Unglücksvogel, sie nimmt es leicht und die tödlichen Konsequenzen für ihn sind ihr nicht mehr als Anlass zum Trinken und Fröhlichsein. Warum diese Frau ist, wie sie ist, so anscheinend kaltherzig, wo er doch »schmachtet«, die Beantwortung dieser Frage, das könnte eine inszenatorische Aufgabe sein, das Erschließen eines Prä-Textes oder Nachworts zur Haupthandlung, die sehr klar ist. Poesiefilme, die Gedichte als Drehbuchgrundlage verstehen, sind eine so sprunghaft vervielfältigte Kunstform geworden, dass sich bereits große Filmfestivals spartenweise diesem Vergnügen widmen.

Vom einfachen Abfilmen eines Sprechaktes wie in:

›Nora Gomringer liest Joachim Ringelnatz‹

zur Inszenierung eines Zusammenspiels von inhaltsbezogenem Setting und Textrezitation[2] wie in ›Das täglich Brot‹:

ist alles denkbar bei der Behandlung von Gedichten als Grundlage für filmische Inszenierungen. Der nächste Schritt schien mir, 2017 und 2018 Filmproduktionen in Auftrag zu geben. Die Grafikerin und Animationsfilmerin Cindy Schmid hat dabei nur auf meine Audiodateien der Texte zurückgegriffen und die Filme ›vielmals‹[3] und ›TRIAS‹[4] entstehen lassen.

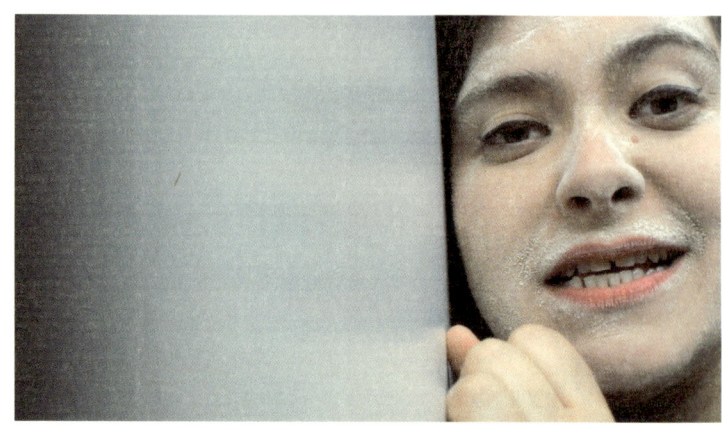

Filmstill aus ›vielmals‹, 2017.

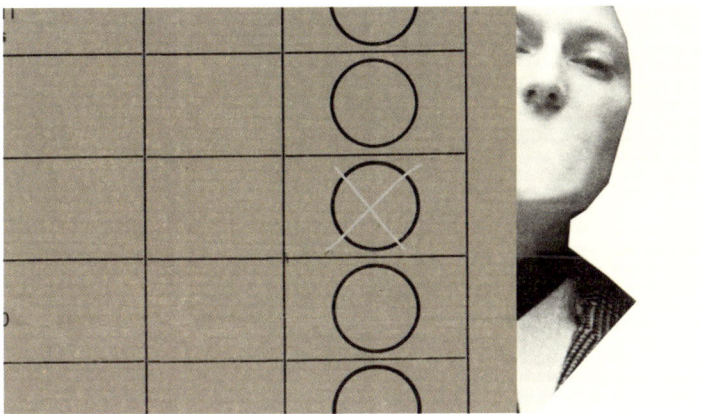

Filmstill aus ›TRIAS‹, 2018.

Während der Dichter Ulrich Koch[5] seine Texte, unveröffentlichte wie veröffentlichte, unter einem Pseudonym bei Facebook einträgt und zur Diskussion freigibt, halten sich die meisten Kolleginnen und Kollegin, die auch verlegt sind, fern von dieser Methode, um Aufmerksamkeit für ihr Werk zu erzeugen.

Der Vater einer Studienfreundin, die Mutter einer Kollegin, der Sohn, die Tochter, der Bruder, die Schwester, sie alle können sich im Netz eine andere Identität erschaffen und nicht wenige greifen dabei zu der des Künstlers. Mit dieser Identität verbinden sie Sanftheit, kritische und gütige Weltanschauung, Hingabe an eine Sache, Leidenschaft, manche sicherlich auch agitative Kraft und Auflehnung. Im Bild des Künstlers steckt auch 2018 viel Widersprüchliches, wobei das Idealbild des Schriftstellers durchaus an den Gedanken des ›prototypischen‹ Bildenden Künstlers angeglichen wird, der generell als der freiere, wildere Geist gilt. Im Atelier rastlos Umherlaufen schlägt stundenlanges Sitzen oder Stehen am Stehpult – in der Einbildung vieler Betrachter allemal.

Mir war stets wichtig, die Bildende Kunst nicht zu weit von der Literatur abzutrennen, die ja durch ihre klangliche Komponente die Musik in sich mitführt. Seit Jahren sammle ich Kunst, versuche kleine und größere Arbeiten zu erstehen, die mich schriftstellerisch auch weiter beschäftigen und die mir zu Gefährten werden durch die Jahre.

Hätte Wisława Szymborska gekonnt, vielleicht hätte sie ›ihren‹ Vermeer gerne zu sich nach Hause genommen:

Vermeer

Solange diese Frau aus dem Rijksmuseum
in der gemalten Stille und Andacht
Tag für Tag Milch
aus dem Krug in die Schüssel gießt,
verdient die Welt
keinen Weltuntergang.[6]

Vielleicht aber – und das beweist die Präsenz dieses Textes in einem Jahreskalender in Postkartenformat – verstehen immer mehr Kuratoren und Verleger die Anziehungskraft poetischen Textes bzw. die magnetische Wirkung von Text zu Bild und umgekehrt. Lyrikreihen in öffentlichen Verkehrsmitteln wie ›Poetry in Motion‹ in der New Yorker Subway sind längst etablierte Plattformen poetischen Diskurses geworden. In den letzten zehn Jahren häufen sich die Anfragen für Texte in Museumskatalogen und ich habe begonnen, zu allen Werken in meiner Sammlung lyrische Texte zu verfassen, so dass bei einer Ausstellung aller Werke statt eines klassischen Katalogs ein Lyrikband an die Hand gegeben werden kann.

Text im öffentlichen Raum, guerilla-poetische Interventionen sind vor den Kritzeleien und Ritzungen in Stein, die man im Vesuv-zerstörten Pompeji fand, bekannt geworden. Wo immer der Mensch seine Umwelt aktiv gestalten kann, macht er Gebrauch von Gestus, Kontext und Text. Er schreibt sich den Mauern seiner Umgebung ein. Das geschieht noch heute in den Ausdrucksformen von Graffiti- und Schablonenkünstlern. Text war immer Teil dieser Bewegung. Die ersten weltweit auftauchenden »Kilroy was here«-Nachrichten bis zu Jenny Holzers Textinstallationen rufen Text und Kontext auf, lassen uns Aussagen auf Aussagen formulieren. 2010 hatte man sich entschlossen, das Gedicht ›avenidas‹ des schweizerisch-bolivianischen Dichters Eugen Gomringer an die Außenwand der Alice-Salomon-Hochschule in Berlin anzubringen. Dies war der ausdrückliche Wunsch der damaligen Präsidentin, die den ersten Preisträger des Alice-Salomon-Preises für Lyrik, nämlich Gomringer, ehren wollte und den Text aufgrund seiner Originalsprache Spanisch für den Geist der kulturell gemischten Gemeinde, in der die Hochschule stand und steht, als perfekt bewertete. 2017 entbrannte eine heiße Debatte um die Tragbarkeit eines – wie vom AStA der Hochschule befunden – sexistischen Gedichts. Entrüstet über diese Kategorisierung eines Textes, der es versteht, in sechs Worten eine Straßenszene lebhaft, aber vor allem wohlwollend vor seinem Leser, seiner Leserin entstehen zu lassen, wehrte sich der Dichter gegen die Tilgung des Textes. In Deutschland entbrannte eine Debatte um den Anfang vom Ende: Dieser Akt der Zensur schien die kulturelle Landschaft zu spalten. Mittlerweile ist der Text abgelöst, vielleicht erlöst worden von einem Ort, der ihn nie wirklich wollte.

Text, losgelöst vom Blatt, kann Text, Klang oder Bild werden. Und die direkte Kombination von Text und Bild kann in vielerlei Variation gewinnend durchgespielt werden.

Der Shooting Star des Netzes in Sachen Poesie ist die indisch-kanadische Dichterin Rupi Kaur, die mit täglichen kurzen Bild-Gedicht-Tafeln Einblick in ihr poetisches Vermögen gibt und deren Bücher – die NACH dem Instagram-Erfolg – gedruckt wurden, hunderttausendfach gekauft werden. In der Art der Präsentation handelt es sich um das Wort mit entsprechender oft origineller Illustrierung.

Ein konventionelleres Beispiel zeigt ein in Umrisslinien gezeichnetes Grammophon rechts unten im Bild und eine schwebende Zeile in Minuskeln über die Seite gesetzt: »together we are an endless conversation«.[7] Diese Art des reduzierten Textes ist seit der Konkreten Poesie und Ernst Jandls wie auch Yoko Onos Werk nicht wegzudenken aus dem Kontext der experimentellen Poesie. Er steht in dieser Tradition, ist direkt auf sie bezogen.

Instagramprofile wie das des in Bern ansässigen Sebastian Winkler – musee_des_materiaux – sowie die Textbilder, wie sie von ›textbasedart‹ gesammelt werden, werden tausende Male am Tag geklickt und geliket. Diese Accounts, wie auch das der Münchner Literatur-Aktivistin Bettina Boeck, sind lebhafte Schnittstellen in Sachen Textbetrachtung und Autorschaft. Das Netz wird an der Stelle unendlich vielgestaltig, an der es über sich selbst nachzudenken beginnt.[8] Darin ist es seiner kleinen »Einheit Text« übrigens gleich.

Ich habe seit einer Weile darüber nachgedacht, ob es eine für die Abbildung in sozialen Netzwerken ideale und auch zulässige Form der Lyrik geben kann. Ob das Bild oder der Text einzeln zählen sollten oder ob man eine Union zwischen Text und Bild herstellen könnte, wie man sie bei der Betrachtung von Bildern von Anselm Kiefer etwa erfährt, von Heiner Blum und zahlreichen Künstlerinnen und Künstlern, die es verstehen, Text zu inszenieren jenseits des Blattes. Ich begann 2015 mit der Reihe der ›Texte in natürlicher Umgebung‹, eine 20-teilige Gedichtsammlung, bei der nicht eindeutig zu klären sein soll, ob das entstandene Bild vom Text das Kunstwerk ist oder ob der Text allein für sich stehen kann. Ich nehme eine Alltagssituation in den Blick, schreibe einen Text zu ihr, drucke ihn aus, schneide ihn aus und füge ihn in den Kontext ein, aus dem heraus er erdacht, in den er gedanklich eingepasst wurde, und inszeniere ihn. Das entstandene Foto gilt für mich als das Gedicht. Reizvoll bleiben für mich die Erfassbarkeit des Textkörpers in einem Blick, die Freude an der Inszenierung und das Zusammenspiel von Rezeption und Konzeption. Zum Abschluss zeige ich Ihnen fünf Beispiele der ›Texte in natürlicher Umgebung‹:

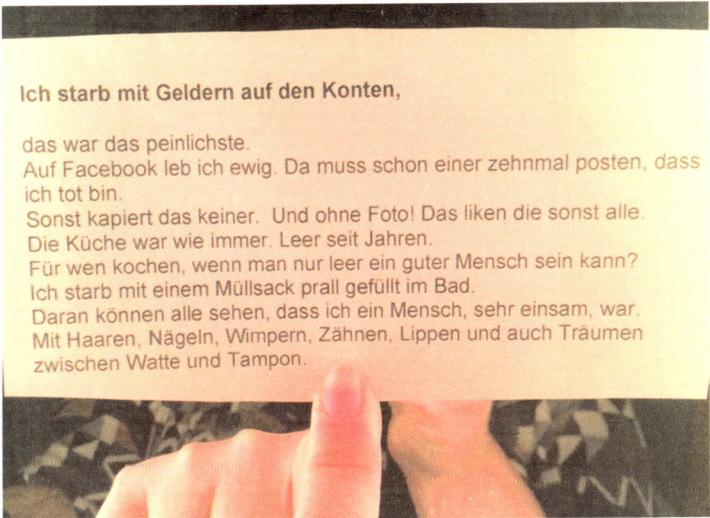

Sehr geehrte Damen und Herren, es war mir ein Anliegen, Ihnen die Verwendung von Texten als visuelle Schautafeln, wie man sie auch schon im Barock kannte und pflegte, mit ihnen experimentierte und sie in der damaligen Emblem-Struktur als Muster für das Welt- und Kunstverständnis anwendete, aus meinem persönlichen und innerhalb meines für Poetik verwendeten Bezugsrahmens vorzustellen. Diese Textinszenierungen stellen neue

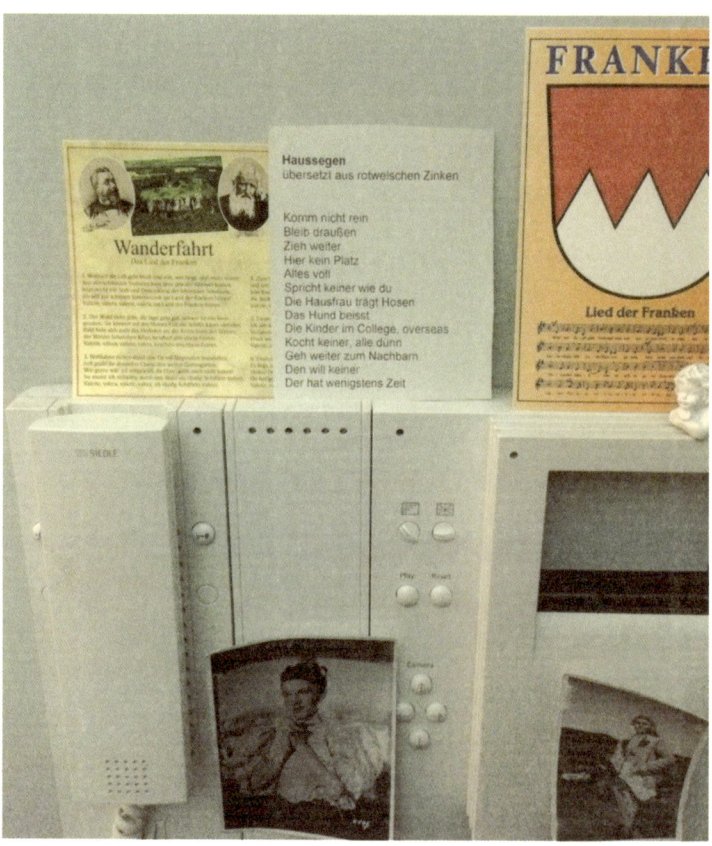

Herausforderungen für ihre Kritiker dar. Bildrezeption, Traditionen der Hermeneutik in der Kunstgeschichte und des Designs, Kulturgeschichte und Sehgewohnheiten müssen in Betracht gezogen werden. Auch an dieser Stelle ist das Netz eine hilfreiche, unendliche Landschaft, überfordernd und relativierend zugleich.

Ich vertraue darauf, dass die Inhalte der Lyrik stets stärker sind und sein müssen als jede Inszenierung, die man ihr addiert oder auch hin und wieder aufdrängt: Ein gutes Gedicht kann selbst sein Dichter nicht ruinieren.

Mein nächster Lyrikband setzt sich mit dem Thema Glauben auseinander, und auch hier verhält es sich ähnlich: Ein vernünftiges, sich bewährendes Menschen- und Gottesbild können Menschen und Götter nicht erschüttern.

Vielen Dank für Ihre Aufmerksamkeit!

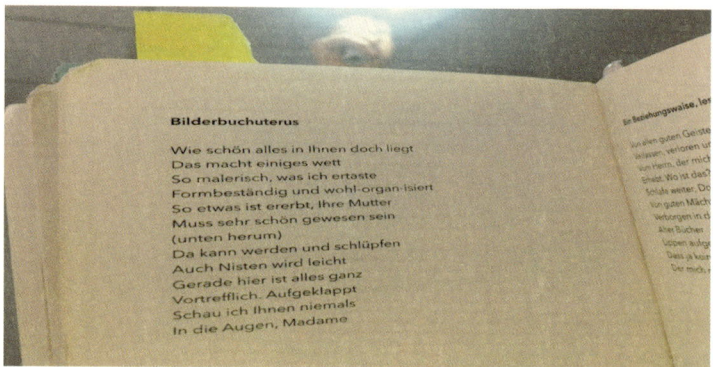

Anmerkungen

[1] Aus ›The Pocket Mirror‹, 1967.
[2] Film von Judith Kinitz, 2016. ›Das täglich Brot‹ – Film für eine Luther-Ausstellung, Konzept Friedrich Block.
[3] Film von 2017, u.a. mehrfache Teilnahme am ZEBRA Poesiefilmfestival.
[4] Film von 2018, u.a. Teilnahme am ZEBRA Poesiefilmfestival 2018.
[5] Ulrich Koch nennt sich bei Facebook Igor Smoljenko.
[6] Aus ›Fliegende Wörter 2019‹, Postkartenkalender. Daedalus Verlag, 2018. Die Übersetzung aus dem Polnischen stammt von Renate Schmidgall und Karl Dedecius, Copyright Suhrkamp Verlag.
[7] In Rupi Kaur: ›the sun and her flowers‹, 2017.
[8] Sehr zu empfehlen an dieser Stelle ist die Ausgabe Nr. 256 des Kunstforums unter dem Titel ›Publish! – Publizieren als künstlerische Praxis‹. Es werden zahlreiche Beispiele von Bildenden Künstlern gezeigt und diskutiert, deren Werk die Verwendung von Schrift und damit oft semantischer Sinneinheiten ergo Text in den Mittelpunkt stellt. Das geschriebene Word wird Gegenstand.

Münchner Reden zur Poesie
in der Stiftung Lyrik Kabinett München
Begründet von Ursula Haeusgen und Frieder von Ammon (A–J)
Fortgeführt von Maria Gazzetti und Frieder von Ammon (K–L)
Herausgegeben von Holger Pils und Frieder von Ammon (M ff.)
Lektorat Christian Döring (A–J) und Frieder von Ammon (K ff.)
Typographie Friedrich Pfäfflin

Martin Mosebach, Ein Haus für Gedichte. Rede zur Eröffnung des neuen Lyrik Kabinetts München in der Großen Aula der Ludwig-Maximilians-Universität am 3. März 2005. ISBN 978-3-9807150-9-6. Geheftet, 20 Seiten. 7,00 EUR

Münchner Reden A

Ernst Osterkamp, Die Götter – die Menschen. Friedrich Schillers lyrische Antike. Rede, gehalten im Juni 2005 im Lyrik Kabinett München. ISBN 978-3-938776-00-1. Geheftet, 29 Seiten. 12,00 EUR

Münchner Reden B

Marcel Beyer, AURORA. Rede, gehalten am 31. Mai 2006 im Lyrik Kabinett München. ISBN 978-3-938776-02-5. Geheftet, 24 Seiten. 12,00 EUR

Münchner Reden C

Friedhelm Kemp, Gen Unverklungen. Der eine Dichter, das eine Gedicht gestern und heute. Rede, gehalten am 17. Oktober 2006 im Lyrik Kabinett München. ISBN 3-938776-08-7. Geheftet, 36 Seiten. 12,00 EUR

Münchner Reden D

Anja Utler, plötzlicher mohn. Rede, gehalten am 16. Juli 2007 im Lyrik Kabinett München. ISBN 978-3-938776-14-8. Geheftet, 28 Seiten. 12,00 EUR

Münchner Reden E

Christoph Meckel, Die Kerle haben etwas an sich. Kunstfiguren. Liebliche Berge. Rede, gehalten am 10. Dezember 2007 im Lyrik Kabinett München. ISBN 978-3-938776-16-2. Geheftet, 24 Seiten. 12,00 EUR

Münchner Reden F

Lucian Hölscher, »Wenn ich ein Vöglein wär' …« Über Utopien und Wirklichkeiten in der Neuzeit. Rede, gehalten am 10. Dezember 2008 im Lyrik Kabinett München. ISBN 978-3-938776-18-6. Geheftet, 21 Seiten. 12,00 EUR

Münchner Reden G

Heinrich Detering, Vom Zählen der Silben. Über das lyrische Handwerk. Rede, gehalten am 4. Mai 2009 im Lyrik Kabinett München. ISBN 978-3-938776-22-3. Geheftet, 29 Seiten. 12,00 EUR

Münchner Reden H

Uljana Wolf, BOX OFFICE. Rede, gehalten am 11. November 2009 im Lyrik Kabinett München. ISBN 978-3-938776-26-1. Geheftet, 28 Seiten. 12,00 EUR

Münchner Reden I

Kurt Flasch, Warum hat Dante Odysseus in die Hölle versetzt? Überlegungen zu Canto XXVI des ›Inferno‹. Rede, gehalten am 19. Juli 2010 im Lyrik Kabinett München. ISBN 978-3-938776-27-8. Geheftet, 23 Seiten. 12,00 EUR